JN172988

魔術師のための創作BOOK

倉戸 みと

日本文芸社

Contents 目次

Accessories
装身具

Masquerada
仮面舞踏会

Basic tools & items

Calligraphy p.20
カリグラフィ

4

Secret letter
秘密の手紙

魔術師が書いた手紙。
羊皮紙風用紙＆ワインインクに、したためればより一層本格的に。

Pseudo-parchment p.23
羊皮紙風用紙

Wine ink p.22
ワインインク

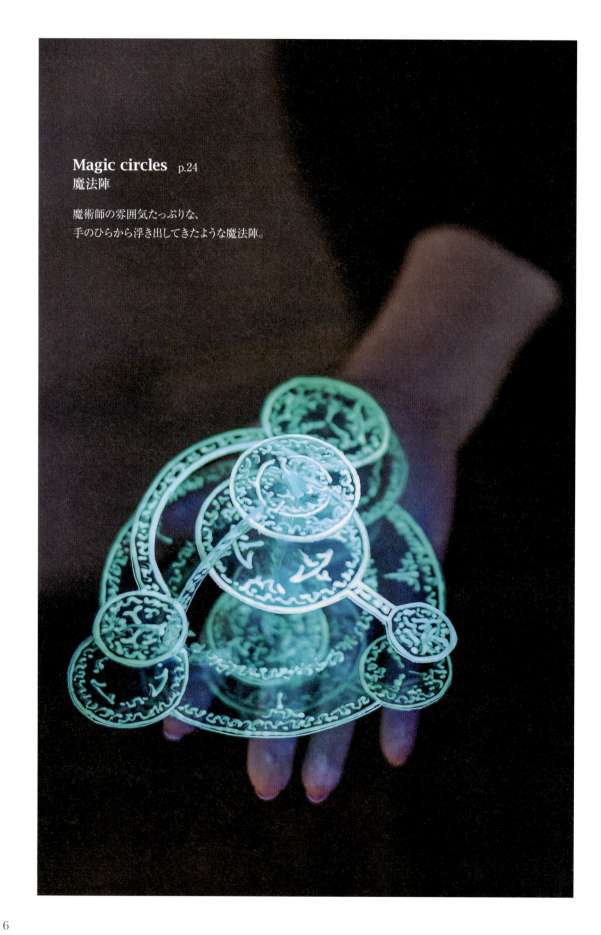

Magic circles p.24
魔法陣

魔術師の雰囲気たっぷりな、
手のひらから浮き出してきたような魔法陣。

Wonder
不思議

Pop-up magic circles p.26
飛び出す魔法陣

古い洋書を開いたら、飛び出してきた魔法陣。
オリジナルの台紙にプラバンを組み立ててつくります。

Fantasies plant p.28
幻想植物

Fantasies frog p.29
幻想蛙

Fantasies
幻想

身近なものが化けてしまったような幻想の生物。
生物らしい濡れたような質感はニスでつけます。

Psychedelic flower p.30
幻覚の花

Flowers
花たち

何の変哲もない花たちも、
ブラックライトを当てれば、怪しげに光り出す。

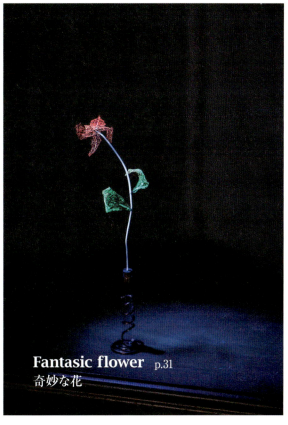

Fantasic flower p.31
奇妙な花

Specimen case p.32
標本ケース

Specimen label p.33
標本ラベル

Sea dragon p.34
シードラゴン

写真立てでつくった標本ケースは、
汚し加工をすることで、より古めかしい印象に。

Alchemist's plant-collection p.36
錬金術師が集めた植物

植物採集に役立ちそうな試験管ホルダー。本体は3つの材料でつくれます。

Blue crystal light　p.38
青水晶の灯

プラバンを組み立ててつくった鉱物形の明かり。
中で光が乱反射するようにラップを詰めています。

Crystal lantern　p.40
鉱物のランタン

鉱物をギミックに仕掛けたランタン。
アンティークゴールドが時代感を演出。

Mineral ramp　p.42
鉱物ランプ

自然の形を生かして削り出した、
鉱物そのままのランプ。

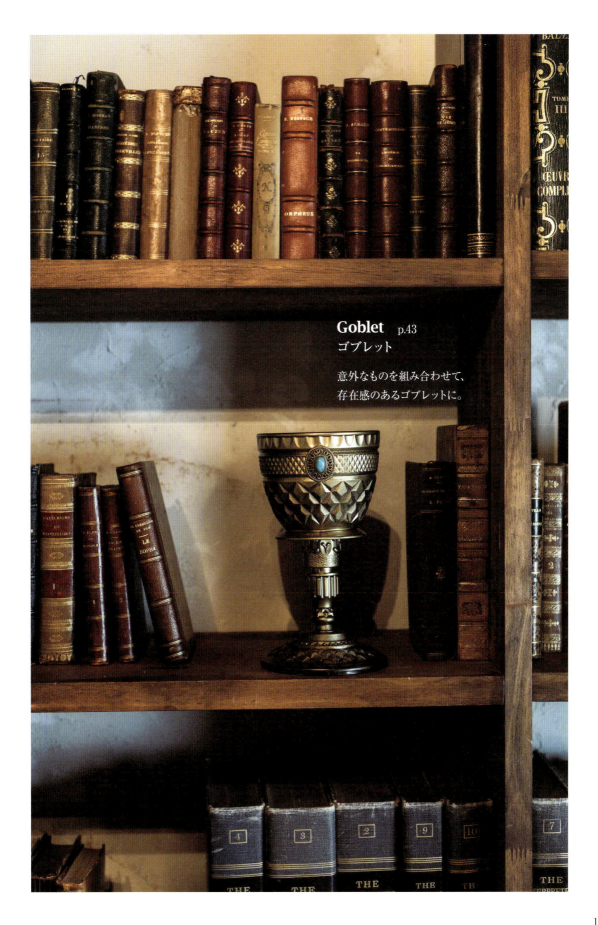

Goblet p.43
ゴブレット

意外なものを組み合わせて、
存在感のあるゴブレットに。

Fairy's stick p.44
妖精の杖

ツタが絡みついたような特徴的なデザイン。
組み合わせ次第でお好みの杖がつくれます。

Magic wand p.47
魔法の杖

軽い粘土でできた
木目調の杖。
厚めのニスでツヤを出して、
本物の木のように
仕上げます。

Fantasy sword p.48
空想の剣

いかにも金属めいた刃先も粘土で。
カラーボードを貼り合わせて、立体感を出します。

Accessories
装身具

Ring p.50
指輪

Ear-hook p.51
耳飾り

Fairy's wing ornament
妖精の羽の装身具

プラバンでつくった妖精の羽飾りをアクセサリーに。
イヤーフックは金具も簡単につくれます。

Dragon's eye bracelet   p.53
龍眼の腕輪

生物のように光る目はおはじき製。
瞳孔を爬虫類のように縦長にかくのがポイントです。

Fang necklace   p.54
牙の首飾り

水彩絵の具をぼかしながら塗って、
うっすら古びたような色合いに。編んだ紙紐も古代風。

Masquerade
仮面舞踏会

Plague mask p.56
ペストマスク

顔にフィットしやすい柔軟性のある素材でつくったマスク。
ペスト医師をモチーフにしています。

Rabbit mask   p.58
兎マスク

軽い粘土でつくった兎の顔をかたどったマスク。
目はペットボトルで奥行きを出しています。

Secret letter p.4　でき上がり寸法　約20×13cm

秘密の手紙

materials
◆羊皮紙風用紙（p.23）……1枚
◆ワインインク（p.22）（または市販のつけペン用のインク）
　　……適量

tool
◆カリグラフィ用ペン先、ペン軸

1　「羊皮紙風用紙」をつくる
　羊皮紙風用紙をつくる（p.23参照）。

2　インクをつけて文を書く
　カリグラフィ用のペン先に「ワインインク」をつけ、
　「カリグラフィ」（p.21）を参考に文を書く。

Calligraphy

カリグラフィ

Wine ink p.5

ワインインク

materials
◆赤ワイン（澱が多い、飲み残しがおすすめ）……適量
◆焼きミョウバン……少々
◆クエン酸……少々

tool
◆コンロ
◆小鍋
◆大さじ
◆1㎖さじ（あれば）

1　はじめに、赤ワインを煮詰める

飲み残しのワインを小鍋に移し、1/10ほどの量になるまで煮詰める。

2　ミョウバン、クエン酸を加える

煮詰めたワイン大さじ1に対して、ミョウバンとクエン酸を少々（1㎖さじ各1ほど）加える。よくかき混ぜて溶かす。

3　容器に詰める

でき上がったインクを容器に詰める。また、なるべく早く使い切る。

Pseudo-parchment p.5 でき上がり寸法　約20×13cm
羊皮紙風用紙

materials
◆紅茶のティーバッグ……2個
◆焼きミョウバン……少々
◆コピー用紙……A5サイズ
◆封蝋（下記参照）
◆麻紐……50cm

tool
◆アルミホイル
◆オーブン

1　紅茶を煮出し、染色液をつくる

紅茶のティーバッグ2個を熱湯100mlで煮出し、焼きミョウバンをひとつまみ加えて染色液をつくる。

2　コピー用紙の周囲をちぎる

コピー用紙の縁を、手でギザギザにちぎって1の染色液に2時間ほど浸す。

3　オーブンで焦がし加工をする

アルミホイルをくしゃくしゃにして、2のコピー用紙をのせる。110℃のオーブンで、10分ほど焼いて乾かす。

4　紙を丸め、麻紐でとめる

3の紙を丸めて、麻紐で結ぶ。麻紐の結び目に「封蝋」をグルーでつける。

Sealing-wax p.5
封蝋 ふうろう　　　　　　でき上がり寸法　直径約2cm

materials
◆グルースティック・黒……適量
◆水性アクリル塗料　ウォーゲームペイント（ピュアレッド）

tool
◆グルーガン
◆オーブンシート

1　グルーをオーブンシートの上に
　小さじ1ほど出す。

2　金属ボタンやシーリングスタンプなどを
　1に押し当て、模様をつける。

3　グルーが固まったら、アクリル塗料を
　全体に薄く塗る。

Magic circles

魔法陣

p.6 でき上がり寸法　約16×14×高さ10cm

materials

◆プラバン（0.5mm厚・A4サイズ）……1枚
◆3Dペイント　チューリップ　グロウ・グリーン

tool

◆塗装用マスキングテープ
◆ヒートペン（なければはさみやデザインナイフなど）
◆強力瞬間接着剤　ロックタイト・ブラシつき

1　プラバンに魔法陣を写す

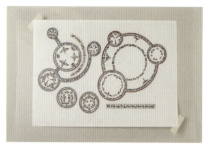

魔法陣の型紙（右ページ）を拡大コピーした紙の
上に、プラバンをマスキングテープで固定する。
3Dペイントで魔法陣をなぞり、完全に乾かす。
＊切り取り線はなぞらなくてよい

2　各パーツをカットする

ヒートペンやはさみなどを使い、魔法陣を切り取り
線でカットする。魔法陣の中央（a、b、c、d）と
切り込み線（e、f、g、h）に切り込みを入れる。

3　魔法陣を組み立てる

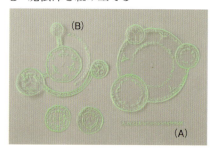

帯状のパーツ（A）に、円パーツをガイド線と切り
込み線のアルファベットをそろえて差し込み、瞬間
接着剤で固定する。（B）のパーツをガイド線と切
り込み線のアルファベットをそろえて差し込み、瞬
間接着剤で固定する。

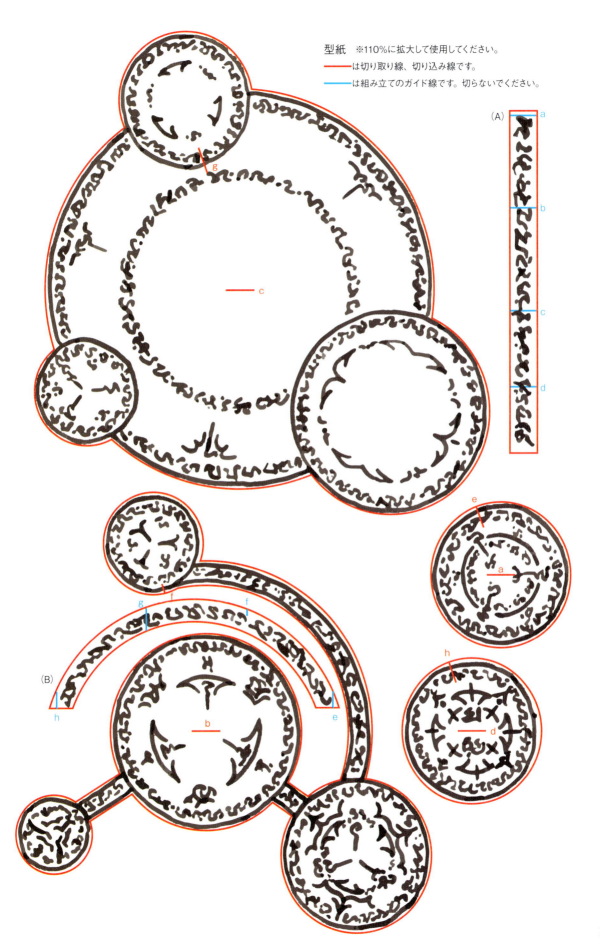

型紙　※110%に拡大して使用してください。

―― は切り取り線、切り込み線です。

―― は組み立てのガイド線です。切らないでください。

(A)

(B)

Pop-up magic circles p.7 でき上がり寸法　台紙A5サイズ×高さ5cm

飛び出す魔法陣

materials
◆プラバン（0.5mm厚・A4サイズ）……1枚
◆3Dペイント　チューリップ　グロウ・グリーン
◆工作用紙（A5サイズ）……1枚

tool
◆塗装用マスキングテープ
◆ヒートペン（なければはさみやデザインナイフ）
◆セロハンテープ

1 プラバンに魔法陣を写す

魔法陣の型紙（右ページ）を拡大コピーした紙の上に、プラバンをマスキングテープで固定する。3Dペイントで魔法陣をなぞり、完全に乾かす。
＊切り取り線はなぞらなくてよい

2 魔法陣を組み立てる

ヒートペンやはさみなどを使い、各パーツを切り取り線でカットし、（d、o、p）に切り込みを入れる。各パーツの大文字のアルファベットをそろえて、セロハンテープで貼り合わせる。帯状のパーツを対応するアルファベットにそろえて、組み立てる。

3 型紙の指示に従い、台紙（p.52）に立てる

台紙を拡大コピーして、二つ折りにして折り目をつけた工作用紙と貼り合わせる。魔法陣の足となるパーツを、台紙の紫色の線の上に下図の貼りつけ位置を参考に、セロハンテープで固定する。

貼りつけ位置

型紙　※112%に拡大して使用してください。

━━━　は切り取り線、切り込み線です。

━━━　は組み立てのガイド線です。
　　　切らないでください。

━━━　は台紙（p.52）と接続する足になる
　　　切り取り線です。

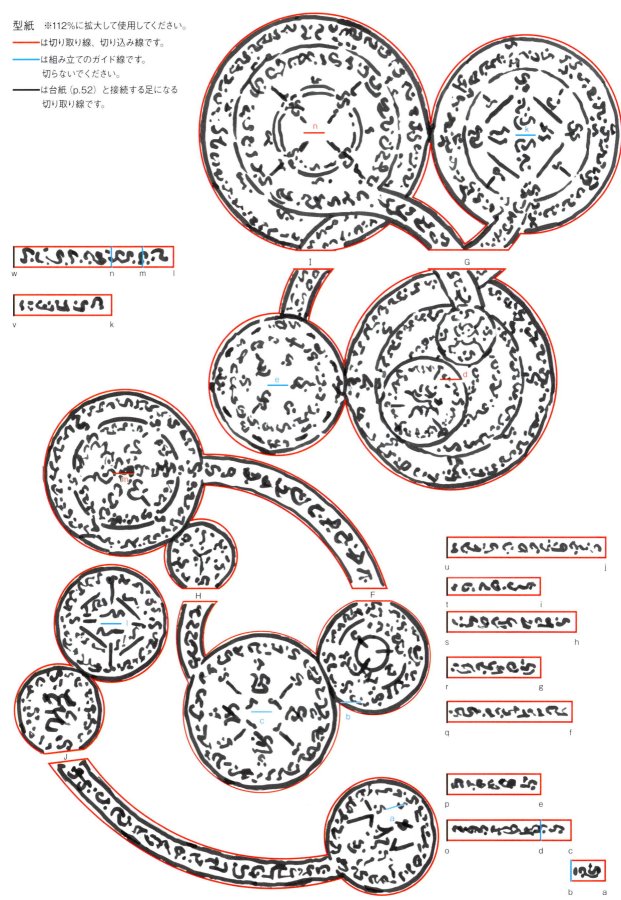

Fantasies plant p.8 でき上がり寸法 全長約40cm

幻想植物

materials
◆樹脂粘土　プレモ！・ホワイト……適量
◆水性アクリル塗料　ウォーゲームペイント（ピュアレッド、ウルトラマリンブルー、マットブラック、マットホワイト）
◆水性ニス・透明
◆造花　ブドウ（約14cm）……1個
◆造花　ツタ……1個

tool
◆粘土ベラ
◆オーブン
◆筆
◆はさみ

---

1 粘土で目や口をつくる

粘土を約1.5cmの半球状に形づくり、目や口の形を粘土ベラでつける。110〜120℃のオーブンで約20〜30分ほど焼いて硬化させる。アクリル塗料で着色し、乾いたら水性ニスを塗ってツヤを出す。基本のバリエーションはこの3つ。舌など適宜加える。

2 ブドウの実に切り込みを入れる

カーブをつけながら、ブドウに切り込みを入れる。

3 瞳の形に整えて、**1**を中に入れる

つくった**1**の個数と同じだけ切り込みを入れて、瞳の形になるように整える。**1**を中にそれぞれ入れる。

4 ツタをつける

造花のツタを、ブドウの茎部分に絡ませるようにしてつける。

Fantasies frog

p.8　でき上がり寸法　5×4cm（消しゴムの大きさによる）

幻想蛙

materials

◆樹脂粘土　フィモソフト・ホワイト……適量
◆ゼムクリップ……1個
◆グルースティック・半透明……適量
◆下地剤　ジェッソ（白）
◆消しゴム（使いかけのもの）……1個

tool

◆粘土ベラ
◆オーブン
◆ニッパー
◆グルーガン
◆筆
◆強力瞬間接着剤　ロックタイト・ブラシつき

1　粘土を足の形に成形する

消しゴムの大きさに合わせて、粘土で足を形づくり、120 ～ 130℃のオーブンで約20 ～ 30分ほど焼いて硬化させる。

2　クリップで指をつくる

クリップを伸ばして、ニッパーで5mmを目安に、適当な長さにカットする。先端にグルーを少量つけて、吸盤をつくる。同様にして16本つくる。1でつくった足に、瞬間接着剤で各4本ずつ接着する。

3　下地剤を全体に塗る

下地剤を2の全体に塗り、半日ほどおいて完全に乾かす。

4　足を消しゴムに貼りつける

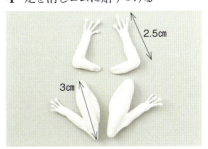

でき上がった足を、瞬間接着剤で消しゴムにバランスよく貼りつける。

Psychedelic flower <small>p.9</small>

幻覚の花

*塗料を吸っても、花の色は変わりません。

materials

◆生花　白いリンドウ……適量
◆蛍光ペン（水性染料インク）……3〜6本

tool

◆ニッパー
◆はさみ
◆瓶など
◆ブラックライト

1 蛍光ペンで染色液をつくる

蛍光ペンをニッパーなどでカットし、芯を取り出す。
芯を3cm程度の長さに切って瓶などに入れ、50mℓ
ほどの水を加えて、染色液をつくる。

2 花に吸わせる

染色液に生花の切り口を浸けて、1日置く。

3 ブラックライトを当てる

ブラックライトを当て、花や葉が蛍光染料で光った
ら完成。

Fantasic flower p.9 でき上がり寸法 高さ22×底直径3㎝
奇妙な花

materials
- ◆サカキの葉……1枝（適量）
- ◆重曹……50g
- ◆蛍光ペン・赤
- ◆蛍光ペン・緑
- ◆カラーワイヤー 自遊自在・シルバー（0.9㎜径）……約15㎝
- ◆カラーワイヤー 自遊自在・メタリックブラウン（2㎜径）……約38㎝
- ◆コルク……1個
- ◆7.5㎝高さの試験管（1輪挿し用の花瓶など）……1本

tool
- ◆小鍋（鉄製）
- ◆ステンシル用筆（なければ歯ブラシなど）
- ◆オーブンシート
- ◆強力瞬間接着剤 ロックタイト・ブラシつき
- ◆丸ヤットコ
- ◆ニッパー

1 葉脈標本をつくる

サカキの葉を水で洗い、汚れをとる。小鍋に熱湯450㎖と重曹を入れてよく溶かす。葉を加えて1時間ほど弱火で煮る。空焚きにならないように、適宜熱湯を加える。葉の色が変わってきたら、ゆるやかな流水で20分ほど洗ってから、水をはった容器にとる。
＊重曹溶液を扱うときは、ゴーグルやゴム手袋などを着用すること。

2 葉肉を落とす

ステンシル用の筆や歯ブラシなどで叩くようにして、葉肉を取り除く。

葉脈が広がったままになるように、紙を使って水からすくう。この状態で完全に乾かす。

3 葉脈に蛍光ペンで色をつける

でき上がった葉脈標本の小さなものは花パーツに、大きなものは葉パーツにする。葉をオーブンシートにのせ、蛍光ペンで軽く叩くように着色する。紙などにはさみ、重りをのせて形を整えながら乾かす。
＊文字を書くように動かすと、葉脈が崩れるので注意する。

4 ワイヤーで茎をつくり、貼りつける

シルバーのワイヤーを15㎝ほどニッパーでカットする。これを茎として瞬間接着剤で花パーツと葉パーツを貼りつける。コルクに刺し、試験管に挿す。

5 ワイヤーで台をつくる

メタリックブラウンのワイヤーを写真のように丸ヤットコで成形し、台をつくる。

31

Specimen case

標本ケース

p.10　でき上がり寸法　20.5×15.5×3.5㎝

materials
◆写真立て……3枚
◆つや消し塗料　Mr.COLOR・スーパークリヤー
◆スミ入れ塗料　タミヤカラー・ブラック
◆虫ピン……適量
◆標本ラベル（p.33）……1枚

tool
◆速乾接着剤　ボンド Gクリヤー
◆筆
◆両面テープ

1　写真立てを貼り合わせる

1つめの写真立てから、後ろのプレートを外す。2つめの写真立てから、ガラスとプレートを外す。3つめの写真立てからガラスを外す。1つめを一番上にして、2つめ、3つめのフレームを速乾接着剤で貼り合わせる。

写真立て断面図

組み合わせ模式図

2　汚し塗装する

1のガラスの縁に、つや消し塗料で汚し塗装をする。

フレームの角や枠の表面などに、スミ入れ塗料で汚し塗装をする。

筆などで粗く塗り広げる。

3　ラベルを貼る

「標本ラベル」をつくり、両面テープでプレートに貼る。

Specimen label p.10　でき上がり寸法　4.5×6.5cm

標本ラベル

*原寸大です。

materials
◆羊皮紙風用紙（p.23）……4.5×6.5cm
◆インク……適量

tool
◆カリグラフィ用ペン先、ペン軸

1　「羊皮紙風用紙」をつくる

ラベルサイズの羊皮紙風用紙をつくる
（p.23参照）。

2　インクで標本名を書く

右の「カリグラフィⅡ」を参考に、ペンで
標本名を書く。

calligraphy Ⅱ
カリグラフィⅡ（ルーン文字）

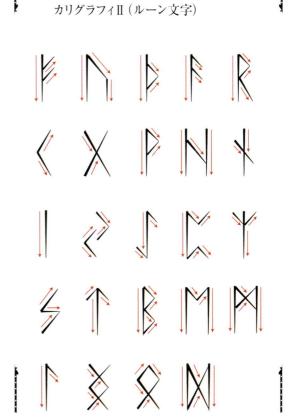

Sea dragon p.10　でき上がり寸法　全長13×11cm

シードラゴン

*150%に拡大すると原寸大になります。

materials

◆針金……約35cm
◆樹脂粘土　プレモ！・ホワイト……適量
◆ラウンドビーズ・青（3mm）……2個
◆ゼムクリップ……4個
◆プラバン（0.35mm厚）……適量
◆下地剤　ブラックジェッソ
◆水性アクリル塗料　ウォーゲームペイント（プレートメイルメタル、マットホワイト）
◆固形水彩絵の具　ホルベイン・透明ケーキカラー（プルシャンブルー、ウルトラマリン）

tool

◆丸ヤットコ
◆ニッパー
◆粘土ベラ
◆オーブン
◆はさみ
◆筆
◆弾性接着剤　セメダイン　スーパーX・クリア
◆強力瞬間接着剤　ロックタイト・ブラシつき

1　針金で芯材をつくる

針金の先を丸ヤットコで曲げる。全体に丸みをつけていく。

針金のもう片方の先端を写真のように曲げて、支えにする。

芯材が完成。

2　粘土で成形する

クリップなどで芯材の支えの部分を板などに立てて、固定する。

粘土をⒶの位置から芯材に盛っていく。

表面を滑らかに整えながら肉付けする。

全体を粘土で覆ったら、粘土ベラで表面のディテールをつけていく。

ビーズを目の部分に押し当て、へこませる。もう片方も同様に。110〜120℃のオーブンで約20〜30分ほど焼いて硬化させる。支えにしていた余分な芯材を④の位置でニッパーを使い、カットする。

3 羽をつくり、つける

ゼムクリップを丸ヤットコではさんで伸ばす。

左ページの写真を参考にしながら指で丸みをつける。余分な部分はニッパーでカットする。羽の土台が完成。同様に頭2本、腹びれ用2本、背びれ3本の土台もクリップでつくる。

プラバンを適当な大きさにカットして、羽をつくる。プラバンを羽の土台に弾性接着剤でつける。プラバンの羽をもう1枚つける。同じものをもう1本つくる。

＊頭と腹びれ用は各2枚、背びれ用は大中小各1枚、尾びれ用は大1枚、小2枚つくる。

ヒートペンで本体に穴をあける。反対側も同様に。

土台の先端に瞬間接着剤をつけ、穴に差し込む。ほかのひれも同様につける。

4 着色する

全体に下地剤を塗り、半日ほどおいて完全に乾かす。

水彩絵の具にアクリル塗料の銀を少量混ぜてメタリック調に調整し、着色する。弾性接着剤でビーズを目に貼りつける。

Alchemist's plant-collection p.11

錬金術師が集めた植物

でき上がり寸法　25×25cm

materials

- ◆合皮・茶……45×54cm
- ◆ポリカーボネイトパイプ（35×34×1000㎜）……1本
- ◆造花　ブルーベリーピック……1本
- ◆造花　フロストベリーピック……1本
- ◆造花　デルフェニウム……1本
- ◆造花　ラズベリーピック……1本
- ◆グルースティック・半透明……適量
- ◆軽量樹脂粘土　アーチスタソフト・白……適量
- ◆固形水彩絵の具
  ホルベイン・透明ケーキカラー（ディープイエロー）

tool

- ◆はさみ
- ◆グルーガン
- ◆弾性接着剤　セメダイン　スーパーX・クリア
- ◆カッターナイフ
- ◆速乾接着剤　ボンド Gクリヤー

1　合皮でホルダーをつくる

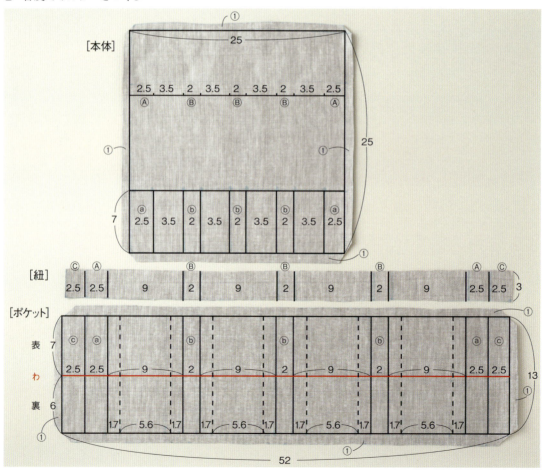

上の寸法通りに合皮を裁つ。[本体]、[ポケット] のパーツの角は、ななめに切り落とす。

＊○囲みの数字は折りしろ。単位は㎝。

2 各パーツの端を折り、接着する

［本体］、［ポケット］のパーツの折りしろを裏側に折り、グルーで接着する。［紐］パーツは上下を折り、1.5cm幅の紐にしてグルーで接着する。

3 本体に紐、ポケットパーツを接着する

（本体・裏）

［紐］紐の端©を折り返し、本体の裏側にグルーで接着する。
［ポケット］ポケットパーツをわで外表に折り、本体を下からはさむ。端©を折り返して本体の裏側にグルーで接着する。ポケットの裏側を写真のように折りたたんで弾性接着剤で接着し、グルーで本体の裏側に貼りつける。

［紐］本体の表側の④、⑧と合わせて、弾性接着剤で接着する。
［ポケット］本体の表側の⑧、⑥と合わせて、弾性接着剤で接着する。

＊合皮の裏地どうしを接着する場合はグルーガンで、表地どうしを接着する場合は弾性接着剤で接着する。

4 試験管をつくる

パイプを25cmの長さにカッターでカットし、片方の縁にグルーでリムをつくる。同様に4本つくる。粘土で試験管のふたをつくり、乾燥したら絵の具で着色する。試験管にふたを速乾接着剤で接着する。

5 造花を入れる

造花を試験管の長さに合わせてカットし、試験管に入れる。試験管ホルダーにセットして完成。

＊よい造花がない場合は、樹脂粘土などでつくるのもおすすめ。
＊市販のベルトなどにグルーで接着すれば、身に着けることもできます。

Blue crystal light

青水晶の灯

p.12 でき上がり寸法 高さ約20×底直径8cm

materials

◆プラバン（0.35㎜厚・A3サイズ）……1枚
◆LEDランタン（BF-AL01K-K）……1個
◆軽量石塑粘土 ラドールプレミックス・白……1/2袋（約100g）
◆水性アクリル塗料 ウォーゲームペイント（マットブラック、マットホワイト）
◆スプレー塗料・クリヤーブルー
◆ラップ……適量

tool

◆カッターナイフ
◆金尺
◆速乾接着剤 ボンド Gクリヤー

1 クリスタルパーツをつくる

型紙に沿ってプラバンを切る。カッターナイフで点線の上をなぞり、折り曲げてあとをつける。それぞれ①、②、③の円錐柱を同じアルファベットどうしが繋がるように順番に組み立て、速乾接着剤で接着する。全体をスプレー塗料で着色して乾かす。くしゃくしゃにしたラップを中に詰める。

2 ストーンパーツをつくり、クリスタルパーツと合わせる

LEDランタンのカバーを取り外し、代わりにクリスタルパーツを速乾接着剤で接着する。LEDランタンの本体周りを粘土で覆い、本物の石などを押し当てて石の質感を再現する。アクリル塗料で全体を灰色に塗る。

3 ディテールをつける

歯ブラシに、黒のアクリル塗料を少量つけて指で弾き、石の質感を強調する。同様に白でも行う。

は切り取りです。

は山折り線、 は谷折り線です。折り曲げやすいようにカッターを使って、あとをつけてください。

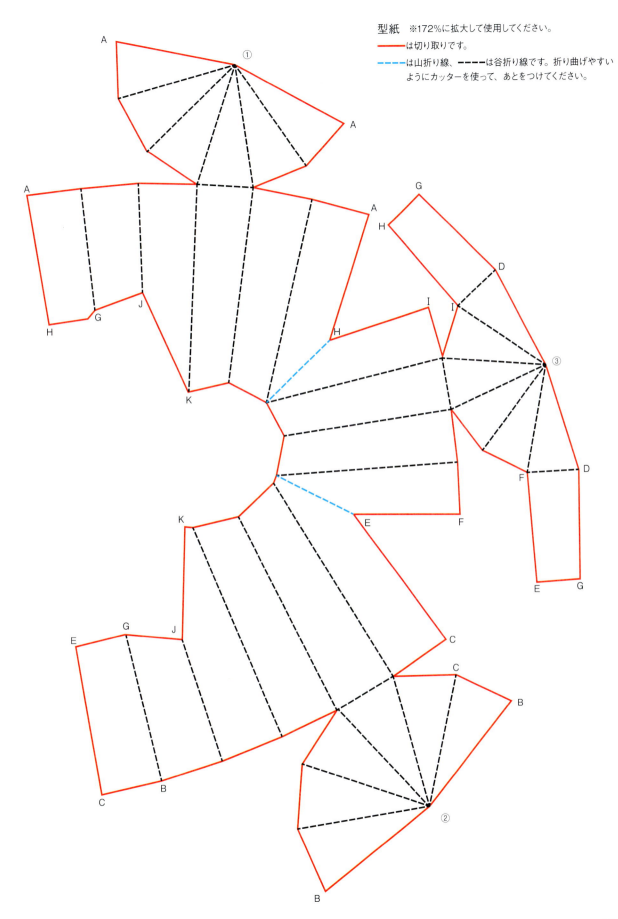

Crystal lantern p.12 でき上がり寸法　高さ16×球体部直径約7cm

鉱物のランタン

materials

◆ペットボトル（500mℓサイズ）……1本
◆軽量樹脂粘土　アーチスタソフト・白……適量
◆水道用コネクタ　蛇口ニップルII……1個
◆カラーボード……10cm角
◆下地剤　ブラックジェッソ
◆アクリル絵の具　リキテックスカラー・アンティークゴールド
◆「鉱物」（p.42／LEDキャンドルは入れない）……適量
◆グルースティック・黒……適量
◆溶剤系アクリル塗料　ガイアカラー・スターブライトゴールド
▼マイクロライトLED……1個

tool

◆ヒートペン（なければカッターナイフなど）
◆粘土ベラ
◆コンパス
◆デザインナイフ
◆筆
◆弾性接着剤　セメダイン　スーパーX・クリア
◆グルーガン

1　ペットボトルをカットする

ペットボトルの丸い部分を、ヒートペンで切り出す。

くぼんでいる部分を目安にカットしていく。

同様に、ペットボトルの口をカットする。

2　粘土で成形する

ペットボトルの口側に、粘土を写真のように盛りつけて乾かす。

水道用コネクタの細い部分に粘土を盛りつける。

写真のように形を整えて乾かす。

3 接続パーツをつくる

コンパスにデザインナイフをつけ、カラーボードを直径7cmの丸形にカットする。
*コンパスでなく、カラーボードを回すようにするときれいに切れる。

水道用コネクタを取り外し、青い部分のねじの直径に合わせて内径5cmのリング状に切り抜く。

4 着色する

水道用コネクタ、粘土部分、カラーボードに下地剤を塗り、完全に乾かす。

アクリル絵の具を少量筆につける。

下地剤の上に塗り、金属感を出す。完全に乾かす。

5 パーツを組み立てる

パーツをすべて塗り終えたところ。

p.42の要領で高さ4cmほどの小さい「鉱物」をつくり、水道用コネクタの上部に弾性接着剤でしっかり接着する。
*鉱物の底部分のワックスにキズをつけておくと、接着しやすくなる。

接続パーツを水道用コネクタにはめ、ペットボトルをかぶせてグルーで接着する。溶剤系アクリル塗料でグルーを塗る。

水道用コネクタの下部に、マイクロライトを入れる。

水道用コネクタの口を締めて完成。

Mineral ramp p.12　でき上がり寸法　高さ6×底直径5cm

鉱物ランプ

materials
◆パラフィンワックス（ペレット状）……約200g
◆オイルパステル・緑
◆オイルパステル・青
◆LEDキャンドル……1個

tool
◆耐熱性ボウル
◆紙コップ
◆割りばしなどの棒
◆カッターナイフなど

1　ワックスを溶かす

パラフィンワックスと少量のパステルをボウルに入れ、湯煎にかけて溶かす。

3　鉱物の形に削り出す

ワックスが固まったら、紙コップから取り出し、ナイフで鉱物の形に削り出す。

2　紙コップに流し込み、固める

LEDキャンドルの電池を取り出しておく。

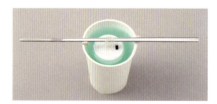

ワックスを紙コップに注ぐ。LEDキャンドルを逆さにして液面とLEDキャンドルの底の高さが合うように調節し、沈まないように棒などに吊るして浸す。

Goblet p.13　でき上がり寸法　高さ20×底直径12㎝

ゴブレット

materials

- ◆ふたつき小物入れ　シャイニーポット……1個
- ◆蛇口＆散水ノズルコネクター……1個
- ◆レースデコテープ　ホログラム……約10㎝
- ◆アンティーク調ターコイズピアス……1組
- ◆グルースティック・黒……適量
- ◆下地剤　ミッチャクロン　マルチ
- ◆水性多用途スプレー・ツヤ消し黒
- ◆メッキ調スプレー・ゴールド

tool

- ◆グルーガン
- ◆弾性接着剤　セメダイン　スーパーX・クリア

1　パーツを組み立てる

小物入れとノズルコネクターを用意する。

デコテープをノズルコネクターの写真の位置に巻いて貼りつける。

グルーで写真のように模様をつける。

小物入れのふたに、ノズルコネクターをグルーで接着する。その上に小物入れ本体の底部分を弾性接着剤で接着する。

2　着色する

全体に下地剤を吹きつけて乾燥させたら、水性多用途スプレーを吹きつける。

メッキ調スプレーを全体に軽く吹いて乾かす。ピアスから金具を取り外し、モチーフとして弾性接着剤で貼りつける。
＊ピアス台の色が気になる場合は、1の段階で小物入れに貼りつけて着色するとよい。このとき、石は取り外しておいて最後に接着する。

Fairy's stick p.14 でき上がり寸法 全長180cm
妖精の杖

materials
- ◆塩ビ管　HI-VP（呼び径20mm×2m）……1本
- ◆園芸用ワイヤー……適量
- ◆軽量樹脂粘土　アーチスタソフト・白……適量
- ◆下地剤　ミッチャクロン マルチ
- ◆カラースプレー　クリエイティブカラースプレー（マット）・カーキー
- ◆メッキ調スプレー・ゴールド
- ◆油性ニススプレー・透明クリヤー
- ◆スプレーボトル・青……2個
- ◆グルースティック・黒……適量
- ◆溶剤系アクリル塗料　ガイアカラー・スターブライト ゴールド
- ◆ガラスビーズ　オーバル（1.8×1.2cm）・青……5個（お好みで）
- ◆釣り用テグス……適量
- ◆チェアーキャップ丸型（内径24mm）……1個

tool
- ◆ピンバイス
- ◆グルーガン
- ◆オーブンシート
- ◆粘土ベラ
- ◆ヒートペン（なければカッターナイフなど）
- ◆弾性接着剤　セメダイン スーパーX・クリア
- ◆筆

1　杖本体をつくる

塩ビ管の上2/3部分に、ピンバイスでらせん状に12個ほど穴をあける。
＊塩ビ管の長さは、身長＋15〜30cmを目安に購入時にカットしてもらうとよい。

オーブンシートの上に、グルーを適当な長さに出して固める。

園芸用ワイヤーを適当な長さ（20〜30cm）に2本カットする。木の葉形をイメージしながら、両端をグルーで接着する。このとき先端は少しずらしておく。

園芸用ワイヤーに、オーブンシートの上で固めておいたグルーを接着する。

同様に2〜3枚ほどグルーを接着する。

塩ビ管の穴に、園芸用ワイヤーの先端を差し込む。

グルーで穴に固定する。

同様に、木の葉形にした園芸用ワイヤー、適当な長さにカットした園芸用ワイヤーを塩ビ管にグルーで固定する。

塩ビ管の表面に、グルーで写真のように模様づけしていく。

粘土を塩ビ管の中央1/3ほどの部分に盛りつけ、模様をつけて乾かす。粘土が乾いたら、下地剤を全体に吹きつける。

下地剤が乾いたら、同じ部分にカラースプレー、メッキ調スプレー、油性ニススプレーをそれぞれ乾かしてから吹きつける。

2 ヘッド部分をつくる

スプレーボトルを2個用意する。

ヒートペンなどで、スプレーボトルの底と口をカットする。

1の杖の上部に、スプレーボトルをグルーで接着する。

ラップを杖部分に巻きつけ、もう1個のスプレーボトルをかぶせる。

弾性接着剤でスプレーボトルを貼り合わせる。

グルーで上側のスプレーボトルも杖に固定する。

3 仕上げをする

スプレーボトルに、グルーで模様をつける。

グルーを溶剤系アクリル塗料で塗る。

園芸用ワイヤーで大きい木の葉形（40～60cm）をつくり、杖と同様にスプレー塗料で着色する。

ビーズ（青）にテグスを通し、結びつける。

スプレーボトルの上下に粘土を盛りつけ、乾いたら杖本体の粘土部分と同様に着色する。グルーと溶剤系アクリル塗料で同様に仕上げる。全体のバランスを見ながら好みで装飾を加え、杖の下にキャップをとりつける。

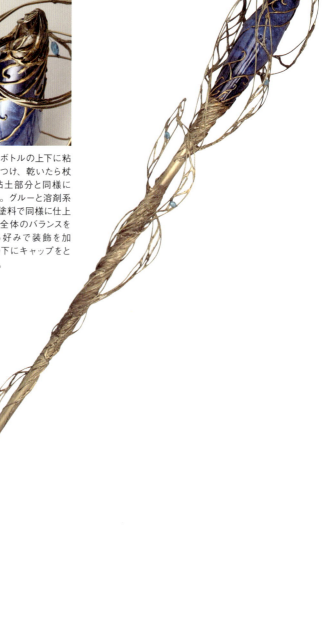

Magic wand p.15　でき上がり寸法　全長52cm
魔法の杖

materials
◆園芸用ワイヤー……約85cm
◆軽量樹脂粘土　アーチスタソフト・白……1袋（200g）
◆下地剤　ジェッソ（白）
◆固形水彩絵の具
　ホルベイン・透明ケーキカラー（バーントシェンナ）
◆水性アクリル塗料　ウォーゲームペイント（マットブラック）
◆水性ニス・チーク
◆カラーワイヤー　自遊自在・メタリックブラウン（2mm径）
　……約80cm
◆造花　オリーブリース……1本
◆造花　ラズベリーピック……1本
◆造花　ベリーピック……1本

tool
◆ニッパー
◆丸ヤットコ
◆食器用スポンジ
◆筆

1　針金と粘土で杖をつくる

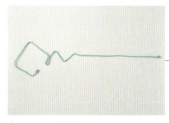

丸ヤットコで園芸用ワイヤーを写真のように曲げて芯材をつくる。

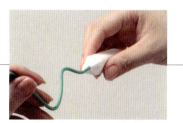

四角をイメージしながら、芯材に粘土を盛りつけていく。

角を出す。粘土が乾いたら、全体に下地剤を塗る。

2　着色する

茶色の水彩絵の具を全体に塗り、乾かす。

目の粗いスポンジに黒のアクリル塗料を少量つけ、木目調にする。

完全に乾いたら水性ニスを塗り、乾かす。ワイヤーと造花を巻きつけて完成。

47

Fantasy sword p.15 でき上がり寸法 全長54cm
空想の剣

materials

◆カラーボード（A3サイズ）……3枚
◆EVAスポンジシート……1枚
◆軽量樹脂粘土　アーチスタソフト・白……適量
◆下地剤　ブラックジェッソ……適量
◆水性アクリル塗料　ウォーゲームペイント（プレートメイルメタル）
◆合皮・茶（1.5cm幅にカットしたもの）……約50cm

tool

◆デザインナイフ
◆弾性接着剤　セメダイン　スーパーX・クリア
◆粘土ベラ
◆筆

1　カラーボードで剣をつくる

カラーボードに型紙Aをのせ、切り取り線を写す。デザインナイフで切り抜く。

カラーボードに型紙Bをのせ、切り取り線を写す。デザインナイフで切り抜く。同様にもう1個つくる。

Aの両面に、パーツBを弾性接着剤で接着する。

スポンジシートに型紙C、Dをのせ、切り取り線を写す。デザインナイフで切り抜く。各2枚ずつつくり、パーツBの両面に弾性接着剤で接着する。

剣の段差の部分を粘土で埋め、乾かす。

粘土ベラなどで、刀身に模様をつける。

48

2 着色する

全体に下地剤を塗って乾かす。

アクリル塗料を全体に薄く塗る。

3 持ち手に皮テープを巻く

合皮を持ち手に巻く。

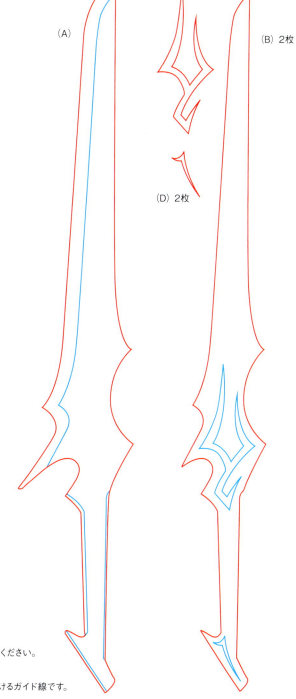

（A）

（C）2枚

（B）2枚

（D）2枚

型紙　※284%に拡大して使用してください。

—— は切り取り線です。

—— は、パーツB・C・Dを貼りつけるガイド線です。

49

Fairy's wing ring

p.16　でき上がり寸法　羽部：3×5cm

妖精の羽の指輪

materials

◆プラバン（0.35mm厚）……6×6cm
◆ホイルネイルシート……適量
◆エナメル塗料　タミヤカラー・クリヤーブルー
◆エナメル塗料　タミヤカラー・ブラック
◆マニキュア用トップコート
◆リング金具　スカシ付きリング（#3043AS）……1個
◆カットビーズ・青系（5mm）……1個
◆ラウンドビーズ・青系（3mm）……1個

tool

◆ヒートペン（なければはさみやデザインナイフなど）
◆強力瞬間接着剤　ロックタイト・ブラシつき
◆爪楊枝
◆弾性接着剤　セメダイン　スーパーX・クリア

1　プラバンをカットし、ホロを転写する

型紙A、B（p.52）に沿って、プラバンをカットする。
プラバンに瞬間接着剤を塗り、少し乾かす。ホイル
シートを押し当て、上からこすってホイルを転写する。

2　着色する

エナメル塗料（クリアブルー）を全体に塗り、乾かす。
トップコートを塗り、乾く前に爪楊枝で模様（凹凸）
をつける。エナメル塗料（ブラック）で縁どりと羽の
模様をかく。

3　羽パーツをリング台に接着する

リング金具にBのパーツを弾性接着剤で接着する。
Aのパーツを中央で少し曲げ、Bのパーツの上に弾
性接着剤で接着する。

4　ビーズを貼りつける

ビーズを弾性接着剤で接着する。

Fairy's wing ear-hook
p.16　でき上がり寸法　羽部：12×8.5cm

妖精の羽の耳飾り

materials

- ◆プラバン（0.35mm厚）……15×10cm
- ◆ホイルネイルシート……適量
- ◆エナメル塗料　タミヤカラー・クリヤーブルー
- ◆エナメル塗料　タミヤカラー・ブラック
- ◆マニキュア用トップコート
- ◆カラーワイヤー　自遊自在・メタリックブラウン（2mm径）
　　　　……約12cm
- ◆カラーワイヤー　自遊自在・シルバー（0.9mm径）……適量
- ◆カットビーズ・青系（5mm）……4個
- ◆ラウンドビーズ・青系（3mm）……4個

tool

- ◆ヒートペン（なければはさみやデザインナイフなど）
- ◆丸ヤットコ
- ◆爪楊枝

1　プラバンで羽をつくる

型紙C（p.52）に沿って、プラバンをカットする。
p.50の1、2を参考に着色し、羽をつくる。

2　イヤーフックをつくる

メタリックブラウンのワイヤーの両端を、丸ヤットコ
で丸める。

全体を耳に沿うように曲げて、イヤーフックにする。

3　羽パーツをイヤーフックにつける

型紙Cの模様部分をシルバーのワイヤーでつくる。
型紙に沿ってワイヤーを曲げて模様を形づくり、も
う片端はイヤーフックに巻きつけて羽パーツを固定
する。

4　ビーズをつける

シルバーのワイヤーにビーズを通し、イヤーフックの
両端に巻きつける。

Fairy's wing ornament

型紙　原寸大

—— は切り取り線です。

—— はカラーワイヤーの模様のガイド線です。

[Ring]

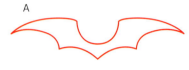

A

B

[Ear-hook]

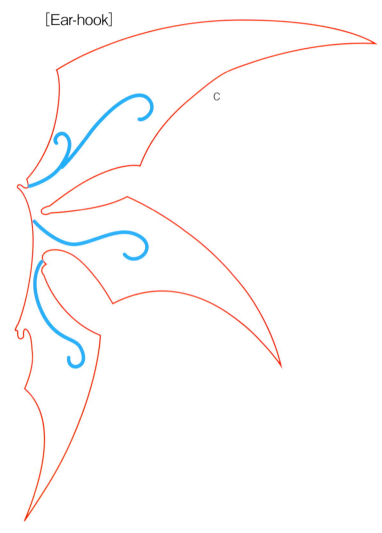

C

[p.26 台紙]　※200%に拡大して使用してください。

Dragon's eye bracelet p.17 でき上がり寸法 眼部：3.5×4cm

龍眼の腕輪

materials
- ◆ガラスおはじき（直径3.5cm）……1個
- ◆エナメル塗料　タミヤカラー・ブラック
- ◆アルミホイル……適量
- ◆軽量樹脂粘土　アーチスタソフト・白……適量
- ◆固形水彩絵の具
  　ホルベイン・透明ケーキカラー（レモン、イエローオーカー、
  　バーントアンバー、バーントシェンナ、ブラック）
- ◆レザーブレスレット……1個

tool
- ◆筆
- ◆はさみ
- ◆強力瞬間接着剤　ロックタイト・ブラシつき

1　龍眼をつくる

ガラスおはじきの裏面にエナメル塗料で虹彩をか
く。アルミホイルの表面に水彩絵の具（レモン）を
黒目を避けて薄く塗っておく。

粘土でまぶたをつくり、乾かす。水彩絵の具で着色
する。

2　ブレスレットに貼りつける

レザーブレスレットに1の龍眼を瞬間接着剤で貼り
つける。

エナメル塗料が乾いたら、瞬間接着剤で1のアル
ミホイルを貼る。

Fang necklace p.17

牙の首飾り　　　　　　でき上がり寸法　牙（大）：長さ6×幅2.5cm、（中）：4.5×2cm、（小）：3.5×1.5cm

materials
◆軽量樹脂粘土　アーチスタソフト・白……適量
◆固形水彩絵の具　ホルベイン・透明ケーキカラー
　（イエローオーカー）
◆仕上げ剤　トップコート（水性スプレー）・半光沢
◆荷造り用紙紐（茶）……360cm

tool
◆筆
◆ロックタイト　強力瞬間接着剤・ブラシつき

1　粘土で牙をつくる

粘土を牙の形に成形する。大1個、中2個、小2個つくる。

牙に穴をあける。

粘土が乾いたら、水彩絵の具で薄く色をつける。乾いたらトップコートを吹きつけて乾かす。

2　紐を丸四つ編みする

紐を90cmずつにカットする。紐端をまとめて、かた結びする。紐端をクリップなどではさみ、固定する。

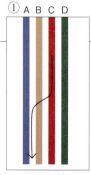

① A B C D

紐を4本固定したところ。
CをBの上にする。

＊わかりやすいように、紐を4色に分けています。

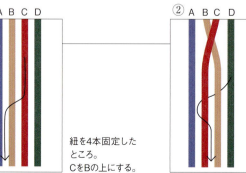

② A B C D

右端の紐（D）を中央2本（B・C）の下に通し、中央左（C）の上にする。

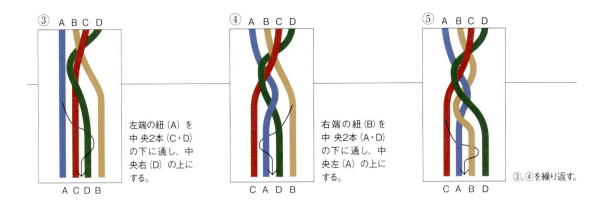

③ A B C D

左端の紐 (A) を
中央2本 (C・D)
の下に通し、中
央右 (D) の上に
する。

A C D B

④ A B C D

右端の紐 (B) を
中央2本 (A・D)
の下に通し、中
央左 (A) の上に
する。

C A D B

⑤ A B C D

③、④を繰り返す。

C A B D

しっかり編み目を引き締めながら、繰り
返して編んでいく。

紐を編み終えたら、端に瞬間接着剤をつ
けてほつれないようにする。

3 牙を紐に通す

牙を小→中→大→中→小の順で、紐に
通す。牙の位置を決めたら、牙の穴と紐
のすき間に瞬間接着剤を少量つけて固
定する。

紐の両端をまとめてかた結びする。

Plague mask p.18　でき上がり寸法　28×26cm
ペストマスク

materials
◆EVAスポンジシート（A4サイズ）……2枚
◆下地剤　ブラックジェッソ
◆アクリル絵の具
　リキテックスカラー・アンティークゴールド
◆合皮・茶……35×60cm
◆グルースティック・黒……適量
◆3Dペイント　チューリップ メタリック・ゴールド

tool
◆はさみ
◆弾性接着剤　セメダイン スーパーX・クリア
◆グルーガン

1　スポンジシートを切り抜く

スポンジシートに型紙（p.57）をのせて切り取り線
を写し、各パーツを切り抜く。

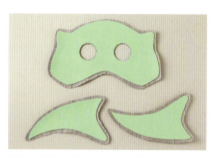

周りに折りしろ分1cmをつけて合皮を裁つ。折りし
ろ分に切り込みを入れる。目の部分は切り抜く。

2　合皮と貼り合わせる

合皮の裏側に、写真のように1のパーツD・E・Fを
弾性接着剤で接着する。

3　パーツを貼り、組み立てる

1のパーツCの上にA・Bを重ね、弾性接着剤で接
着する。下地剤を塗り、アクリル絵の具で金属感
を出す。パーツDのアイホール部分にCを重ね、弾
性接着剤で接着する。合皮の折りしろを折り返し、
弾性接着剤で接着する。くちばし部分の上部をグ
ルーで接着し、根元をマスク部分に接着する。3D
ペイントでくちばしの接着部分を塗り隠し、型紙を
参考に模様をかき加える。
＊着用する場合は、平ゴム紐をマスクのこめかみ部分に
グルーで接着する。

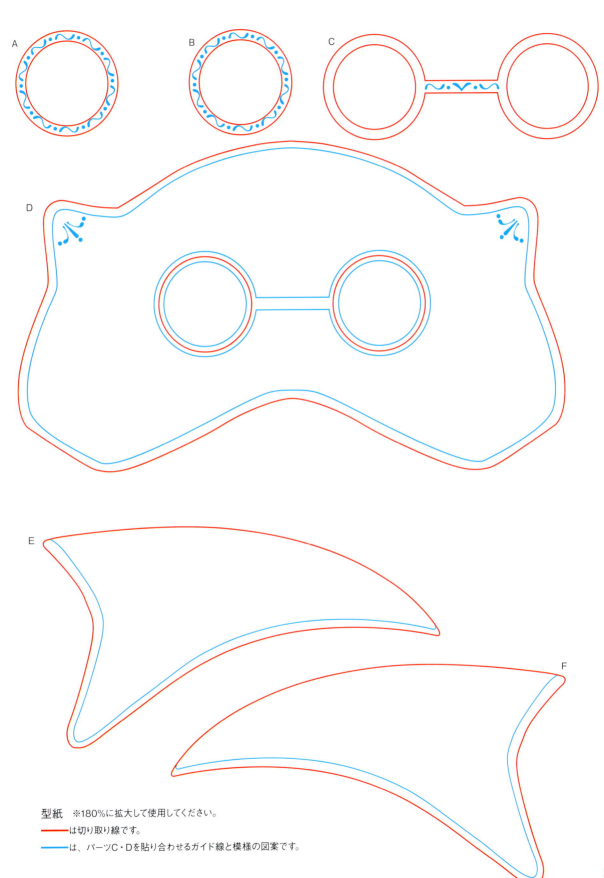

型紙　※180%に拡大して使用してください。

━━━ は切り取り線です。

━━━ は、パーツC・Dを貼り合わせるガイド線と模様の図案です。

Rabbit mask p.19 でき上がり寸法　35×20×15cm
兎マスク

materials
- ◆工作用紙（A3サイズ）……1枚
- ◆針金……適量
- ◆軽量樹脂粘土　アーチスタソフト・白……2〜3袋（400〜600g）
- ◆グルースティック・半透明
- ◆下地剤　ジェッソ（白）
- ◆固形水彩絵の具　ホルベイン・透明ケーキカラー
  （チャイニーズホワイト、カーマイン、バーミリオン、ディープイエロー、
  イエローオーカー、バーントアンバー、ブラック）
- ◆仕上げ剤　トップコート（水性スプレー）・半光沢
- ◆ペットボトル（500mℓ）……1本
- ◆カラーセロハン・赤……適量

tool
- ◆マネキンヘッド
- ◆布ガムテープ
- ◆不要な布切れ
- ◆油性ペン
- ◆梱包用ラップ
- ◆油粘土
- ◆はさみ
- ◆ニッパー
- ◆粘土ベラ
- ◆7本針
- ◆速乾接着剤　ボンド Gクリヤー
- ◆筆
- ◆グルーガン

1　土台を用意する

マネキンヘッドに布やテープなどを巻きつけ、サイズ調整したものに正中線と目の位置を油性ペンでつけておく。

ラップを巻き、油粘土を盛りつけて大まかな土台をつくる。

さらにラップを巻き、土台の完成。

2　耳をつくる

工作用紙に長さ20cm、幅6.5cmの、兎の耳を2つ切り抜く。耳のふちに針金をグルーで接着する。安全のため、針金の先端は1cmほど折り返す。

3 粘土を盛りつける

1の土台に樹脂粘土を盛りつけていく。

頭部分に2の耳をグルーで接着する。全体に樹脂粘土を盛りつける。耳には裏側とふちに薄く盛る。

7本針で毛の質感やディテールをつけ、数日おいて完全に乾かす。

4 着色する

樹脂粘土を土台から外し、裏面に速乾接着剤を薄く塗って補強する。

下地剤を全体に塗り、乾かす。

水彩絵の具で表面を塗る。目の周りは奥行きがあるように陰影をつける。

口、鼻元にもディテールをつける。

耳の内側は血色感を感じさせるように塗る。

全体を完全に乾かし、仕上げ剤を吹きつける。

5 目をつける

ペットボトルの球状の部分を、アイホールの大きさに合わせて2個切り出す。裏側にカラーセロハンをグルーで貼る。

目をグルーでアイホールに接着する。

Basic tools & items 基本の道具とアイテム

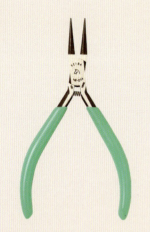

丸ヤットコ（丸ペンチ）
ワイヤーなどの端を丸めるための道具。
先端が細い、鋼製のものが使いやすい。

ニッパー
ワイヤーなどをカットするための道具。断
面が平らになるようにカットしたいときは、
背側を使うとよい。

コンパス
正円をかくほか、デザインナイフをとりつ
ければ切り抜くこともできる。

ピンセット
ビーズなどをつまんだり、細かい作業をす
る際に使う。

デザインナイフ
ペンのように持ち、ナイフの刃を立ててカ
ットする。直線を切り抜くときに便利。

ヒートペン
熱で樹脂を焼き切ったり、穴をあけたりす
ることができる。プラバンなどで細かいパ
ーツを切り抜く場合におすすめ。

ピンバイス
プラスチックなどに穴をあけるための道
具。刃を垂直に立てて、手で回して穴を
あける。

筆各種
水彩画用の、本体に水を内蔵する水筆や、
油彩・アクリル画用の筆など、使用する
塗料に合わせて用意する。

グルーガン、グルースティック
グルーガンで樹脂のグルースティックを溶
かしながら使う。接着のほか、グルーを
利用して模様をかくこともできる。

粘土ベラ（スパチュラ）

粘土の盛りつけやならし作業に使う。ヘラ部分が繊細なほうが細かい作業に向く。

金属製カトラリー

ステンレス製の箸やスプーン、フォークなどは粘土ベラとして使える。
＊食事用のものとは別にすること。

7本針

粘土などの表面を引っかいて、質感を出すときに使う道具。

瞬間接着剤

硬質プラスチック、ゴム、金属、紙、木材などを接着できる瞬間接着剤。乾くと透明になる。細かい作業には、ブラシつきタイプがよい。
（ロックタイト　強力瞬間接着剤）

弾性接着剤

ゴムのような弾力性をもつ接着剤。接着力が高く、皮革のような柔軟性のある素材の接着にも向く。色はクリアのほか、ホワイトやブラックもある。
（セメダイン　スーパーX）

速乾接着剤

速乾性で、乾燥後もある程度の弾力があって扱いやすい。溶剤の臭気があるため、使用時は換気を徹底すること。
（ボンド　Gクリヤー）

カラーワイヤー

簡単に手で曲げたり、ねじったり、巻きつけたりすることができるワイヤー。5種類の太さがあり、色もさまざまある。
（自遊自在）

針金

本書では主に芯材として使うため、さびにくいステンレス製がおすすめ。

園芸用ワイヤー

ビニールなどで表面を覆われているワイヤー。ソフトで加工しやすいため、長物の芯材などに。

3Dペイント

紙や布、プラスチックなどにも使用できる塗料。ノズルが細いため、直接絞り出してペンのように使える。
（チューリップ　3D）

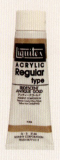

アクリル絵の具

水に溶けるが、乾くと溶けない性質をもつ絵の具。練りの硬いレギュラータイプを使用。
（リキテックスカラー）

水性アクリル塗料

絵の具のように使用できる、筆塗りタイプの水性アクリル塗料。耐水性。
（アーミーペイント　ウォーゲームペイントセット）

エナメル塗料

筆塗り用のエナメル塗料。ゆっくり乾燥するため、ムラが出にくい。使用する際は換気を十分に行うこと。スプレータイプもある。
（タミヤカラー　エナメル塗料）

固形水彩絵の具

粉末絵の具を押し固めたもの。水をつけた筆でなでると、すばやく溶ける。
（ホルベイン　透明ケーキカラー12色セット）

スプレー塗料

筆塗りではムラになりがちな広い面積を、きれいに塗ることができる。薄く吹きつけ、重ね塗りするのがきれいに仕上げるコツ。
（アサヒペン　水性多用途スプレー、クリエイティブカラースプレー、メッキ調スプレー）

溶剤系アクリル塗料

乾燥が早く作業性・発色がよいが、薄める際は専用の液が必要。また、使用する際は換気を十分に行うこと。
（ガイアカラー）

下地剤（筆塗り）

水性塗料を弾いてしまう素材に使用。細かい傷なども埋めることができる。
（リキテックス　ジェッソ、ブラックジェッソ）

下地剤（スプレー）

金属、ガラス、プラスチックなど幅広い素材に対して、強力な密着力で塗料のつきをよくする下地剤。
（染めQテクノロジィ　ミッチャクロン　マルチ）

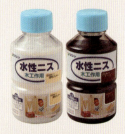

仕上げ剤（筆塗り）

木工用として筆などで塗るニス。木目調塗装の仕上げや、濡れたような厚めのつやを表現したいときに。
（和信ペイント　水性ニス）

仕上げ剤（スプレー）

塗装した作品に吹きつける、水性タイプの表面仕上げ用コート剤。特に水に弱い水彩絵の具の上に塗るとよい。
（Mr.HOBBY　トップコート）

仕上げ剤（スプレー）

光沢感を生かしたいメタリック系の塗装の作品には、ウレタン系の油性ニススプレーがおすすめ。
（和信ペイント　油性ニススプレー）

粘土の使い方

本書で使用している粘土の扱い方は、大きく分けて2つ。
それぞれの粘土の特徴に合わせて加工してください。

[軽量樹脂粘土 アーチスタソフト、軽量石塑粘土 ラドールプレミックス]

軽量樹脂粘土は、芯材がなくてもある程度大きい作品もつくれる。
軽量石塑粘土は、乾燥後に削ったりやすりがけができるので、ディテールをつけたい作品に。

粘土が乾燥しないように、水をつけながらよくこねる。

水に溶けやすいため、表面をならすときは水をつけすぎないように注意。

[オーブン粘土 フィモソフト、プレモ！]

オーブンで加熱することで硬化する粘土。小さく緻密なものをつくるのに便利。

硬さがあるため、造形前に粘土をしっかりこねておく。

オーブンで焼くまで固まらないので、長時間造形できる。

グルーガンの使い方

グルースティックという棒状の樹脂素材を溶かして押し出す道具。
布などの接着や、立体的な模様をかいたり、すき間などを埋めたりするのにも使えます。

[大量に続けてグルーを使う場合]

グルーガンにグルースティックをセットし、電源につなぐ。グルーが溶けるまで時間をおいてから使う。

グルーガンにセットしたグルーを、もう1本のグルースティックに少しつける。

グルースティックどうしを接着する。あらかじめ長くつなげたグルースティックを何本か用意しておくと便利。

著者紹介

倉戸みと（くらと・みと）

錬金術をテーマに創作活動を行う、「黒の錬金術学会」主宰。
企業プロモーション用の立体造形などを手掛ける傍ら、初心者にもやさしい創作技術の研究を日々重ねている。
オリジナル雑貨のデザインやアクセサリー制作も行っており、ヴィレッジヴァンガードやアパレルショップにて販売。日々の研究成果はブログ、同人誌としてまとめている。
WEB：http://blachemy.blogspot.jp/

＜Book Staff＞
口絵・カバー撮影　田尻光久
つくり方撮影　天野憲仁（株式会社日本文芸社）
スタイリング　植松久美子
デザイン・DTP　長内奈津子、藤城義絵
　　　　　　（株式会社ジェイヴイコミュニケーションズ）
編集協力　株式会社キャデック

撮影協力
UTUWA　TEL：03-6447-0070

◆商品協力（50音順）

株式会社アサヒペン
TEL：06-6934-0300
HP：http://www.asahipen.jp
（クリエイティブカラースプレー、水性多用途スプレー、メッキ調スプレー）

ガイアノーツ株式会社
TEL：048-456-6851
HP：http://www.gaianotes.com
（ガイアカラー）

コニシ株式会社
TEL：0120-28-1168（接着相談室）
HP：http://www.bond.co.jp/
（ボンド　Gクリヤー）

株式会社　染めQテクノロジィ
TEL：0120-229-309
HP：http://www.somayq.com
（ミッチャクロン）

株式会社大創産業
HP：http://www.daiso-sangyo.co.jp
（グルーガン、グルースティック、写真立て、ラウンドビーズ、カットビーズ、造花、水道用コネクタ、カラーボード、マイクロライトLED、LEDキャンドル、ふたつき小物入れ、蛇口＆散水ノズルコネクター、スプレーボトル、カラーセロファン）

株式会社タミヤ
HP：http://tamiyashop.jp
（タミヤカラー、スミ入れ塗料）

東急ハンズ　池袋店
東京都豊島区東池袋1-28-10
TEL：03-3980-6111
HP：https://www.tokyu-hands.co.jp
（ポリカーボネイトパイプ）

日本化線株式会社
HP：http://www.nippoly.com
（自遊自在®）

バニーコルアート株式会社
（リキテックス）
TEL：03-3877-5113
HP：http://www.bonnycolart.co.jp
（ジェッソ、ブラックジェッソ、リキテックスカラー）

株式会社フリージアエンタープライズ
（アーミーペインター）
東京都千代田区外神田6-5-11
長谷川ビル2階
TEL：03-5826-4888
HP：http://freesia-enterprise.com
（ウォーゲームペイントセット）

ホームセンターコーナン
TEL：0120-200-875
HP：http://www.hc-kohnan.com
（塩ビ管、園芸用ワイヤー、キャップ）

ホルベイン画材株式会社
TEL：0120-941-423
HP：http://www.holbein-works.co.jp
（固形水彩絵の具　透明ケーキカラー）

和信ペイント株式会社
TEL：0480-48-2021
HP：http://www.washin-paint.co.jp
（油性ニススプレー、水性ニス）

ユザワヤ　蒲田店
東京都大田区西蒲田8-23-5
TEL：03-3734-4141
HP：http://www.yuzawaya.co.jp
（プレモ!、フィモソフト、アーチスタソフト、造花、合皮、パラフィンワックス、オイルパステル、リング金具）

・本書に掲載している情報は、2017年9月現在のものです。掲載商品は、店舗や時期によって多少異なる場合があります。ご了承ください。
・撮影状況や印刷により、作品の色は実物と多少異なる場合があります。
・本書に掲載した作品の全部または一部を商品化、複製頒布することを禁じます。

魔術師のための創作BOOK

2017年10月30日　第1刷発行
2021年9月10日　第3刷発行

著　者　倉戸みと
発行者　吉田芳史
印刷所　株式会社光邦
製本所　株式会社光邦
発行所　株式会社日本文芸社
　　　　〒135-0001　東京都江東区毛利2-10-18 OCMビル
　　　　TEL 03-5638-1660（代表）